AF176934

Friederike Lydia Ahrens
Renate Haußmann (Hg.)
Tamara Jarchow

ZWISCHEN UNSEREN ZEILEN

Gedichte zu Dritt

© 2019 Friederike Lydia Ahrens, Renate Haußmann
(Hg.), Tamara Jarchow
Idee: Renate Haußmann, Schreibweise Hamburg
Satz und Gestaltung: Renate Haußmann
Verlag und Druck: tredition GmbH, Halenreie 40-44,
22359 Hamburg
978-3-7497-4398-8 (Paperback)
978-3-7497-4399-5 (Hardcover)
978-3-7497-4400-8 (e-Book)

Lyrik im Trialog

Lyrik ohne Netz und doppelten Boden hätte der Untertitel für Band 6 in der Reihe «Konzeptionelle Lyrik» heißen können. Anders, als in den Büchern zuvor, gibt es keine Impulse von anerkannten Lyriker*innen. Auch Form und Versmaß sind nicht «entliehen». Die Autorinnen selbst, sind mit jedem Gedicht füreinander zur lyrischen Mentorin geworden.

«Zwischen unseren Zeilen» ist zugleich Titel und Versprechen für einen außergewöhnlichen lyrischen Dialog, der sich direkt aufeinander bezieht. Die Inspiration für das eigene Gedicht steht zwischen den Zeilen des Vorgängergedichts. Form und Rhythmus werden adaptiert und zur literarischen Vorlage für eigene Worte, die in diese Vorgaben hineinfliegen ohne den individuellen Ausdruck zu verlieren.

Mit dieser Herausforderung sind sich die drei Autorinnen dieser Ausgabe konzeptioneller Lyrik poetisch begegnet. Gemeinsame Themen setzen den Rahmen für individuelle Assoziationen. Die Gedichte entstehen im Dreierschritt – im Trialog. Sie beziehen sich zunächst direkt aufeinander, um dann in lyrischer Freiheit erkennbar eigene Formen des Ausdrucks zu finden.

«Zwischen unseren Zeilen» ist Band 6 der Serie Konzeptionelle Lyrik.

DER APFEL FÄLLT NICHT WEIT VOM STAMM

Die Farbe Rot

Leiser Wind trägt mich

Absturz im Universum

Die Farbe Rot

tante lillie

tante lillie war freundlich
lustig und bescheiden
jeder konnte sie leiden
doch ihr verstand wuchs merklich
die vielen bücher wurden zum fluch
davon bekam sie nie genug

«keine zweite in der familie
hatte solche ideen
wir haben sie scheitern gesehn
deine tante lillie»

sie floh einem mann an die seite
weit über dem stand
hielt haus und hof in der hand
was niemand bereute
bis sie sich nach wissen sehnte
so unpassend dass man es oft erwähnte

«keine zweite in der familie
hat solche ideen
wir werden dich scheitern sehn
so wie tante lillie»

sie machte sich auf die suche
ihr ebenbild zu finden
bereit für kleine und große sünden
und fand sie im garten unter der buche
eine knallrote strähne im grauen haar
zeigte dass sie angekommen war

«keine zweite in der familie
steht zu ihren ideen
ich werde eigene wege gehen
so wie tante lillie»

(Renate Haußmann)

Seelenverwandt

Aufgebahrt lag Käthe
im roten Kostüm geschminkt und frisiert
als wäre nichts passiert
um sie herum ein Blumenmeer
letzte Woche noch das Steuer in der Hand
nun das Raumschiff unbemannt

Sie war das Oberhaupt der Familie
wie soll es weitergehn
denken die die um sie stehn
null Idee haucht die weiße Lilie

Nichte Elli an der Bahre
im bunten Kleid und ungeschminkt
ihr kommen die Tränen wenn sie singt
sie war die rechte Hand im Laden
soll nun das Ruder übernehmen
hat ja nur das eine Leben

Nicht nur die grünen Augen hat sie von ihr
auch Schneid Tatendrang und Elan
treiben sie stetig an
Tante hatte sie im Visier

Stumm die Trauergemeinde
der Pastor redet über ihr Leben
sie war ein Engel hat allen vergeben
ersticktes Heulen im Blumenmeer
wenn sie das hört
sie wär empört

Leichenschmaus im Kaffeegarten
lautes Lachen Trinken und Singen
aus dem Sarg wird sie gleich springen
alle gespannt das Testament erwarten

(Friederike Lydia Ahrens)

Familienbehauptung

Endungen verschlucken sprudeln
Gedanken wollten nur hinaus
erzählen zwischen Brot und Nudeln
doch unterdrückt im eig'nen Haus

ach – hätten sie mich doch gelesen
so konnte es aber nicht sein
so wäre es wohl schön gewesen
und trotzdem war's mein Heim

heute fühl' ich mich, bin runder
Verzeihen also ist die Antwort
auf den Kindertraum vom Wunder.

(Tamara Jarchow)

Leiser Wind trägt mich

Schlaflos

Mitten in der Großstadt

nach einem heißen Tag

sie sitzt leicht bekleidet auf dem Balkon

vor dem weißen Blatt bei Kerzenschein

die U- Bahn quietscht in der Ferne

wer fährt jetzt noch

sie kann nicht schlafen

der Espresso war zu stark

ein Uhr sie ist hellwach

ein Windhauch geht durch die Balkonpflanzen

den Duft von Rosmarin und Lavendel in der Nase

sie dreht sich eine Zigarette

wie soll der Wind sie tragen

physikalisch geht das nicht

in Gedanken

in der Fantasie

sie schließt die Augen

die Bremsen der U-Bahn quietschen

es war ein Fehler

abends einen Espresso zu trinken

dann du kannst du bis zum Morgen schreiben

hatte die Bedienung gesagt

das will sie gar nicht

jetzt muss sie gähnen

geht ins Bett und schließt die Augen

nimmt den leisen Wind mit in ihre Träume

wohin?

(Friederike Lydia Ahrens)

Rauschen

Leuchtend grün umarmen mich

die rauhen Heckenschützenrosen

wassergelöster Wiesenduft trägt

den hektischen Hummelflügelschlag heimwärts

heidekrautige Luft

rollt das Meeresrauschen über die Dünung

und der tieffliegende Feldlerchenruf

kündet vom salzigen Regen

Restlichtverstärker an meinem Strand

jenseits dessen wohnt das Verborgene

gleich der verschwenderischen Innenschönheit

im Meeresschneckenhaus.

(Tamara Jarchow)

17

weit weg von stamm gefallen

hab die götter angerufen und
den mond heimlich angefleht
wann wird das versprechen eingelöst
dass du mir in die wiege gelegt
meine welt sollte besser werden
schön angepasst zu allen seiten
das macht das leben leichter
und immer tapfer auch im sturm
so wird das leben reicher
ich hab´s versucht
wollt dir gefallen und
konnte nie so sein wie du
blieb standhaft in unruhigen zeiten
doch erst gegen den sturm
kam ich zur ruh
das leben wird nicht leichter
es fordert meine ganze kraft
nur der sturm wird seichter
trägt mich sanft durch die nacht

(Renate Haußmann)

Absturz ins Universum

Licht

Phoenix und Asche streut auf mein Haupt
ich flieg euch davon, seht ihr den Staub
jetzt löst sich Oben und Unten auf
jeder kann´s sehn und ich hab ´n Lauf

die Vögel vergaßen ihre Melodien
vergaßen im Winter weiter zu zieh´n
alte Muster so klebrig wie Harz
gegen den Strom ist das neue Schwarz

Absturz ins Universum
hier gelten andre Gesetze
freier Fall ganz ohne Hetze

das Leben schreibt mein Logbuch neu
die Taue sind los, ob ich mich freu
wie fühlt es sich an, neu geboren zu werden
Mutter & Kind zugleich, nichts zu verbergen

was wird bleiben, was verblassen

was werd ich lieben und was hassen

alte Muster so klebrig wie Harz

gegen den Strom ist das neue Schwarz

mein Film hat Anderes mit mir vor

volle Belichtung mit weichem Flor

per Anhalter durch die Galaxie

das ist legendär - doch ich wusste nicht, wie

Absturz ins Universum

hier gelten andere Gesetze

freier Fall ganz ohne Hetze.

(Tamara Jarchow)

loslassen

schon reicht es mir
nur noch ich bin das wir
stille starrt an leere wände
das ist das ende

morgen bin ich tiefgefroren
und ihr liegt mir in den ohren
mit dem lied der forderung
im packeis der erinnerung

wenn ich loslasse
wo flieg ich hin
macht leben dann noch sinn

ich reiß an wurzeln such die quelle
halt kurz inne für alle fälle
es ruckelt und es kracht
sie liegt viel tiefer als gedacht

doch es ist entschieden
vergesse was zurück geblieben
bin schon im freien fall
bade im meer von eiskristall

ziehe langsam meine kreise

wundre mich über art und weise

lande auf dem punkt

und sehe keine veränderung

wenn ich loslasse

wo flieg ich hin

macht leben dann noch sinn

(Renate Haußmann)

Farbschaum

Rot
bin tot
Körper löst sich auf
Schall und gelber Rauch

Zieht Seele weg
in astralen Dreck
unheimliche Wesen
lachen ihr entgegen

Im Strudel von Farben
vorbei alle Sorgen
geborgen

Wollen nach ihr greifen
umgeben von silbrigen Streifen
ein Sturm von ultaviolett
trägt sie weg

Nichts hat Gewicht
in goldgleissendem Licht
sphärische Klänge im Seelenohr
so wie ein Diaspor

Mit Ufos klein und fein

wird sie Seelenschwester sein

Atommüll um sie rum

macht der dumm

Kleine Raumschiffteilchen

mutieren zu lila Veilchen

Drohnen aus dem Iran

küssen die vom Vatikan

Sonden aus den Staaten

verenden im Sphärengarten

alles vermengt sich im Farbenschaum

welch ein Traum

Im Strudel von Farben

vorbei alle Sorgen

geborgen

(Friederike Lydia Ahrens)

LÜGEN HABEN KURZE BEINE

Buchstaben werfen keine Schatten

Schweben im leeren Raum

Kein Platz für Arschlöcher

Buchstaben werfen keine Schatten

Eine Feine

Sie log, dass sich die Balken bogen
selten ist sie aufgeflogen
ihr ganzes Leben eine Lüge
es kam ihr nie so vor dass sie betrüge
sie glaubte was sie sagte
egal wer es hinterfragte

Im Lügennetz verwebt
so hat sie gelebt
ihre Lügen waren echt
sie hatte immer Recht
schlau war sie das war auch wichtig
ohne Schlauigkeit sind Lügen nichtig

Sie war eine Feine
ihre Lügen hatten keine kurzen Beine
unter der Sonne war ihr Schatten groß
wie ein fetter Lügenkloß
nur wenn sie ihren Namen schrieb
kein Schatten auf dem Blatte blieb

(Friederike Lydia Ahrens)

Paradiesvogelmist

So bunt die Federn schillern mögen
so voluptativ sie Kreise flögen
sie rufen immer mit den gleichen Tönen
als wollten sie mich Narr'n verhöhnen

doch schreib ich meine Liebesbriefe
befrei's ganz leicht aus meiner Tiefe
will Lust und Wolkenfelder ohne Grenzen
will rennen, bis die Lungen lenzen

und dann am Ende sieht's so aus
als rennt ich Kreise nur im Haus
der eigne Ton nur Widerhall
der immer gleiche Lügenschall.

(Tamara Jarchow)

notlüge

ich hab gelogen

bis sich die balken bogen

denn er hat nicht zugehört

mein vertrauen für immer zerstört

meine seele ist ein vergißmeinnicht

eine kleine blaue blume im sonnenlicht

dieses mal geht es nur um mich

lass gut sein ich durchschaue dich

werde zum stein

kann unverrückbar sein

trotzig gegen sturm und regen

geb mir selbst dafür den segen

nicht verantwortung schloss die tür

entziehe mich nur deiner willkür

werde zur schwalbe einen sommer lang

segel mal hoch mal tief an der lüge entlang

die worte kommen leicht und sonderbar

für dich nicht angreifbar

deine großzügigkeit bleibt strategie

du sieht nur dich mich dabei nie

werde zur wolke erfinde mich neu

bleib in bewegung und doch treu

in abhängigkeit werde ich müde

entscheide mich für die lüge

(Renate Haußmann)

Schweben im leeren Raum

Was bleibt?

Zu schmal für die Erinnerung
ein dünner Streifen zwischen Gleisen
zerstörter Backstein - sag
was wollte ich dir nur beweisen

nun trägst du keine Fenster mehr
schon lang geschlossen und entsorgt
der Regen sickert ungehört
tränkt neue Erde und spült Altes fort

und irgendwo dazwischen
da ruft´s in mir was bleibt
es ist das Leben selbst
das mir und anderen verzeiht.

(Tamara Jarchow)

alles lüge

held meiner kindheit
ungestüm nicht zu bremsen jung
in endloser liebe entbrannt zur
mutter in meiner erinnerung

du kannst alles richtiger
du weißt alles besser
du bist ankläger richter gesetz
dein wille ist gradmesser

uneingeschränkte solidarität
ist verpflichtung
besonders sein und ohne makel
es gibt nur eine richtung

du hast mich geschlagen
ich hab gedacht es ist gerecht
hast mich entlohnt für kleine hilfen
ich hab gedacht dein wort ist echt

du hast mich getäuscht
ich wollt es mir nicht eingestehn

bis mein weg eine andere spur nahm
du hast es als verrat gesehn

und mich dann fallen gelassen
ohne mir in die augen zu sehn
konntest keine worte mehr finden
ich kanns bis heute nicht verstehn

und doch bin ich gewachsen
hab meine welt entdeckt
du hast die suche nicht verhindert
geahnt was in mir steckt

(Renate Haußmann)

Freiheit

Unbeschwert und frei
lebensfroh und keine Angst
was kostet die Welt
vergessen Knicks und Diener Gott sei Dank

Ab in die Ferne
neues erleben und sehn
Erfahrungen selber machen
lassen Geschichte vergehn

Renitenz und keine Lügen
Verweigerung anders sein
es gelten neue Gesetze
lassen nichts altes rein

Schweben über allem
nie wieder Krieg
neue Sphären mit Drogen schaffen
haben uns alle lieb

(Friederike Lydia Ahrens)

Kein Platz für Arschlöcher

meeresrauschen

hinter ihr geht die sonne auf
das meer gibt ihr den segen
verantwortung für sechzig leben
die ersten strecken müde knochen aus

sie mag ihnen nicht in die augen sehn
die kennen grausame bilder
nur hoffnung macht sie etwas milder
werden sie je vergessen was geschehn

sie wacht über jede regung in der nacht
atmen sie um leben zu erhalten
oder um den nahen tod zu verwalten

die kinder beginnen lautlos zu schreien
wie sollen sie uns je verzeihen
dass wir sie nicht an land gebracht

(Renate Haußmann)

Kribbeln im Bauch

Das Kribbeln im Bauch
ging schnell vorbei
im Alltagsallerlei
alles Schall und Rauch

Die Kinder rufen nach ihr
Zeit wo ist sie geblieben
Schluss mit dem Verlieben
der Vater nicht hier

Nur sie ist da Tag und Nacht
Essen machen Wäsche und den Garten
den Segeltörn konnte er kaum erwarten

Nach seinem Dienst der Ohrenschmaus
in der Oper danach Applaus
mental hat sie ihn umgebracht

(Friederike Lydia Ahrens)

Ohne Worte

Auf der anderen Seite
hinter regennassem Fenster
ratlose Bäume blasse Gespenster
Morgenhimmel in unbenutzter Weite

unter Neonlicht Statistik und Tod
Kanülen und buntes Plastik
seine Worte wirr und hastig
Kommunikation in Not

das Wort vom Arzt eine Waffe
schweres Gerät
ein Fausthieb gesprochener Brutalität

und doch ist er menschlicher Onkologe
was nimmt der als Droge
auf dem Kinderpflaster lacht der Affe.

(Tamara Jarchow)

LANGES FÄDCHEN
FAULES MÄDCHEN

Es wird leise

Im Traum fliegen

War's das?

Es wird leise

Stille

Am Übergang

wo nackte Träume Nebel küssen

wo Ängste von den Schatten wissen

da steh ich an der Brücke wartend

am Übergang

wo goldnes Feuer durch die Bäume bricht

wo Neubeginn mein Lied bespricht

da steh ich an der Brücke wartend

am Übergang

was also spiegelt mir der See

wo ist der Himmel, was der Grund

ist alles Eins – zur Mitte geh

hebe den Kopf und schweige, Mund.

(Tamara Jarchow)

Strand

Fester Boden
kann das Luftsalz riechen
es blubbert unter den Füßen
Seele grinst und lacht

Fester Boden
gleißendes Licht Wolken rasen
Wasser und Himmel werfen Blasen
Seele grinst und lacht

Fester Boden
Plastikmüll am Riff
am Horizont ein Kreuzfahrtschiff
Seele grinst und lacht

(Friederike Lydia Ahrens)

einkehr

nun ist ruhe eingekehrt
ihre rituale haben an macht verloren
hab mir eigene auserkoren
der kindheit schwere überwunden

nun ist ruhe eingekehrt
erkenne die list der verführer wieder
singe nicht mehr ihre lieder
der jugend leichtsinn ist überwunden

nun ist ruhe eingekehrt
hab haltung angenommen
bin im eigenen leben angekommen
das zaudern der vernunft ist überwunden

(Renate Haußmann)

Im Traum fliegen

Schwerelos

Sonnengeflecht umschlingt den Körper

Chorgesang der Sirenen im Ohr

Höhenflug will nicht enden

Wirbelstürme in den Zellen

Einssein mit Geist und Seele

Rauschen in der Ferne

Erinnerung an vergessene Gedanken lösen sich auf

Leichtigkeit umarmt die Hülle

Ozeane vermischen sich

Schwerelos schweben - ein Traum

(Friederike Lydia Ahrens)

sirenen im ohr

stimmen

im hintergrund sind das

rauschen

einer

neuen generation die

einen leisen ton anschlägt der

nie mehr endet

in der welt vermüllter

meere zeigen sie auf offene wunden

ohne macht mahnt ihre wut

hört auf die stimmen die keine

ruhe mehr geben

(Renate Haußmann)

Leise Töne

Sonnenaufgang hinter Monitoren

Treibt mich in den Schlaf nach durchwachter Nacht

In ausgedehnten Atemzügen

Mischt sich Mut und Angst

Mischt sich Herzschlag und zarter Händedruck

Erschöpfung und Zuversicht singen ihren Kanon

(Tamara Jarchow)

War´s das?

angstgefühle

am frühen morgen
nagende zweifel
rasendes herz
ganz langsamer beginn
suche
nach struktur

tauber kopf
gelenktes chaos bringt
eins zum anderen
unausweichlicher plan
fühle
übelkeit

tickende zeit
lass müsli in mich hineinlaufen
horche
auf das taxi
warte auf ein wunder
es klingelt

(Renate Haußmann)

Das war´s

Wieder daneben gegriffen
Gefühle schwinden
aus der Traum
freier Fall
Bild verschwimmt
Klarheit

Benommenheit übernimmt Regie
Blickwinkel ändern Richtung
Herzschmerzen erinnern
Tage vergehn
Nächte sternenlos
ohne Perspektive

Visionen verenden
Nüchternheit
kalter Kaffee
stehengebliebene Zeit
Bilder aus dem Kopf
vergessen

(Friederike Lydia Ahrens)

Was war das?

Lichter

die Zeit ist nicht im Fluss

nur Einzelbilder

jedes von ihnen

ein neues Hier und Jetzt

leuchten auf und verschwinden

die Einbahnstraße rückwärts gehen

ist auch kein Ausweg

einatmen

weitergehen

ausatmen nicht vergessen

weitergehen

es gibt keine Nacht

Neonlicht löst die Sonne ab

es gibt keinen Tag

hier gelten andere Gesetze

die Monitore

sind leuchtendes Beispiel.

(Tamara Jarchow)

STETER TROPFEN HÖHLT DEN STEIN

Freiheit statt Fiebertraum

Lies weiter

Lückenfüller im freien Raum

Freiheit statt Fiebertraum

brücken bauen

ich stürze mich ins leben

hoppla das ging fast daneben

ich baue eine brücke

so bin ich eben

ich kann es kaum erklären

muss mich immer neu bewähren

ich baue eine brücke

will stetig wissen vermehren

meine brücken sind begegnungen

und taggeträumte erfindungen

ich baue eine brücke

vertraue meinen erinnerungen

(Renate Haußmann)

Der erste Schritt

In meinem Kopf weht Frühlingswind
im Herzen hüpft das kleine Kind
ich baue eine Brücke
und sehne mich nach Neubeginn

in meinen Händen strömt die Schaffenslust
der Rücken ist sich alter Last bewusst
ich baue eine Brücke
nichts ruft nun mehr du musst

in meinen Augen spiegelt sich
was draußen ist und innerlich
ich baue eine Brücke
und was ich seh das rettet mich.

(Tamara Jarchow)

Freiheit

Platte machen
ohne Sachen
Freiheit
nix zu Lachen

Er steht im Park
hast du ne Mark
Freiheit
wartet auf Kumpel Marc

Bringt ihm Zelt und Matte
fühlt sich an wie Watte
Freiheit
fehlt nur noch die Patte

Kann sich nichts kaufen
gibt nix zu Saufen
Freiheit
der Fuß offen kann nicht laufen

Der Chef hat ihn entlassen
sie hat ihn verlassen

Freiheit
Schulden nichts zum verprassen

Marc kommt mit Schnaps und Bier
auf leeren Magen das gönn ich mir
Freiheit
unterm Baum in seinem Revier

Im Schatten auf der Matte
was er alles hatte
Freiheit
im Haus aus Pappe

(Friederike Lydia Ahrens)

Lies weiter

Lies weiter

Langweilig und öde bis Seite hundertzehn
was will er mir sagen soll es so weiter gehen
lies weiter
quält sich von Zeile zu Zeile durch Liebesszenen

Die vielen Namen wer ist hier wer
der Lover ist das der mit dem Gewehr
lies weiter
die Spannung versinkt im Meer

Noch zweihundert Seiten späte Nacht
schreit zum Himmel was der sich gedacht
lies weiter
Licht aus - Buch zugemacht

(Friederike Lydia Ahrens)

gegenbewegung

das vierte mal in dieser zeit
bin ich wirklich schon bereit
ein schritt nach vorn und
es ist wieder so weit

seine zeilen les ich mir ehrlich
er schreibt er bereut und begehrt mich
ein schritt nach vorn und
schwört er vermisst mich täglich

so könnte es doch immer sein
mein herz ist schon wieder sein
ein schritt nach vorn und
nur die vernunft sagt nein

(Renate Haußmann)

Spannung

Aufbruch und Niedergang
Lügen im Überschwang
es sind nicht meine
wer hängt hier am Strang

Seidenstrümpfe zerrissen
Tränen im Kissen
es sind nicht meine
er soll sich verpissen

in meiner Welt
ist alles erhellt
es ist nicht deine
nicht mal für Geld.

(Tamara Jarchow)

Lückenfüller im freien Raum

die reihen schließen

noch glüht die wut
wir sind viel mehr als sie
mach mir mut

sie sind laut und handeln brutal
wir ungeübt in diesen dingen
und haben trotzdem keine wahl

wenn die saat aufgeht im alltagstrott
angst aufblüht hinter verschlossenen türen
dann gnade uns gott

ergreife meine hand
wir schließen jede lücke
kein raum für brandstifter in diesem land

(Renate Haußmann)

Statist

Der ewige Student
immer von grossem geträumt
gern lange gepennt

Schauspieler sein auf den Bühnen der Welt
allen hat er zugeschaut
für kleines Geld

Massenszenen immer hinten
denn er war der Größte
in der Pause mit Boy Gobert trinken

Maria Stuart durfte er tragen
und eine Maske im Gesicht
wusste immer was die Akteure sagen

(Friederike Lydia Ahrens)

Geheim

Auf dem Boden
direkt unter'm Dach
Lügen verwoben

hinter dem Vorhang
armselige Tarnung
mir ist nicht bang

Zündhölzer mit Logo
mitnehmen verboten
Flugzettel ein no go

du kämpfst für die Sache
bist Patriot
das ich nicht lache.

(Tamara Jarchow)

DER FRÜHE VOGEL FÄNGT DEN WURM

Frischer Wind im Vakuum

Altes raus – Neues rein

Im Ansatz stecken geblieben

Frischer Wind im Vakuum

Licht

Ein zarter Schatten
ein Hauch
spürst du ihn auch
in den Kasematten

Dunkelheit kein Licht
siehst mich nicht
in der Ferne ein Castell
klar und hell

Bleib hier und fühle mich
atemlos und leicht
die Leere seicht
nichts hat Gesicht

Dunkelheit kein Licht
siehst mich nicht
Wolke schwebt hell
über dem Castell

Keine Geräusche
Gespinst aus Weben
kannst darin schweben

erinnere unsere Pläusche
Dunkelheit kein Licht
siehst mich nicht

Wolke über dem Castell
verändert sich schnell

Leises Flirren in der Luft
alle Seelen um dich rum
dreh dich nicht um
spürst du den Duft

Dunkelheit kein Licht
siehst mich nicht
schwarze Wolken über dem Castell
entleeren sich schnell

Helles Sonnenlicht lässt dich blenden
keine Schatten zu sehn
bleib stehn
trägst den Schatten in den Händen

Dunkelheit kein Licht
siehst mich nicht
weg die Regenwolken überm Castell
alles wieder sonnenhell

(Friederike Lydia Ahrens)

frühförderung

sie ist angekündigt
die klingel hat einen warmen ton
da ist sie schon
meine freude wird fündig

etwas in mir zeigt wirkung
ich beobachte mich selbst
und zwar ständig

begrüßung auf abstand
das muss heute reichen
gedanken an innige umarmungen weichen
ich nehme ihre hand

etwas in mir zeigt wirkung
ich beobachte mich selbst
und zwar ständig

kurzer austausch
unbekannter alltagsgeschichten
es gibt wenig zu berichten
keine lücke zum letzten plausch

etwas in mir zeigt wirkung

ich beobachte mich selbst

und zwar ständig

es geht mir gut

adrenalin tauscht gift gegen hoffnung

heute ist tag der begegnung

freunde machen mut

etwas in mir zeigt wirkung

ich beobachte mich selbst

und zwar ständig

köstlichkeiten bis zum dritten gang

kein gedanke an schluckbeschwerden

der heilende weg soll zukunft bergen

wir ziehen an einem strang

(Renate Haußmann)

Wirkung

Das Blattwerk saugt die Töne ein
filtert das Licht der Sommerhitze
uralte, mächtige Baumesspitze
lockt mich ganz tief ins Grün hinein

laut ist die Welt im Innen wie im Außen
und kein Weg so scheint´s
führt mich von hier nach Draußen

Wurzeln Äste Unten Oben
Libellenflügelschlag so klein
alles scheint hier Eins zu sein
und ich stehe ganz verwoben

still ist die Welt im Innen wie im Außen
magischer Ort - ich geh´ befreit
mit leichtem Herz nach Draußen.

(Tamara Jarchow)

Altes raus – Neues rein

Auszug

Staub flirrt im Gegenlicht
niedersinken auf den kahlen Boden
Phantomschmerz zwischen fortgeräumten Möbeln
und wenn sie siegt die Angst

niedersinken auf den kahlen Boden
vertrautes Amsellied begrüßt den neuen Tag
und wenn sie siegt die Angst
der Dornenkranz zerknirscht auf dem Recyclinghof

vertrautes Amsellied begrüßt den neuen Tag
verheißungsvoll der Duft von Lack und Koffein
der Dornenkranz zerknirscht auf dem Recyclinghof
und Leben strömt ein

verheißungsvoll der Duft von Lack und Koffein
Phantomschmerz zwischen fortgeräumten Möbeln
und Leben strömt ein
Staub flirrt im Gegenlicht.

(Tamara Jarchow)

viel schmerz ist zu versenken

steter tropfen höhlt den stein
schwarze nacht im vollmondschein
viel schmerz ist zu versenken
noch viele stunden bis zum morgen

schwarze nacht im vollmondschein
kein sonnenstrahl dringt in den traum
noch viele stunden bis zum morgen
die hoffnung setzt auf neuanfang

kein sonnenstrahl dringt in den traum
erst mit dem tag kommt licht
die hoffnung setzt auf neuanfang
spüre unbekanntes leben

erst mit dem tag kommt licht
viel schmerz ist zu versenken
spüre unbekanntes leben
steter tropfen höhlt den stein

(Renate Haußmann)

Neues Leben

Opferleben an den Haken
inneren Frieden finden
Herr Pille und Frau Kokain in die Tonne
Freiheit und Klarheit angesagt

Inneren Frieden finden
Möwengeschrei über dem Meer
Freiheit und Klarheit angesagt
von dunklen Wolkenschwaden umhüllt

Möwengeschrei über dem Meer
Atlantikwellen tragen Körper
von dunklen Wolkenschwaden umhüllt
die Insel der Freiheit taucht auf

Atlantikwellen tragen Körper
Herr Pille und Frau Kokain in die Tonne
die Insel der Freiheit taucht auf
Opferleben an den Haken

(Friederike Lydia Ahrens)

Im Ansatz stecken geblieben

in der stille

heute morgen
hab ich mir zugeschaut
beim spazieren gehen
schwerelos
lief ich durch die straßen

ging ohne ziel
vorbei an delikatessen
ließ mich nicht verführen
nichts
sollte mir den atem nehmen

wiederentdeckte winkel
nur nicht den direkten weg
wollte den augenblick verlängern
bis ein sonnenstrahl
mich aus dem schlaf vertrieb

(Renate Haußmann)

Neuanfang

Guten Morgen Neuanfang
frische Brise
heute keine Seelenhiebe
ziehn an einem Strang

Strategien nach frisch erlerntem
was Therapie mit dem Alten macht
ein neuer Weg

Offen sein für alles nichts bewerten
altes in die Kiste Deckel zu
erst komm ich dann du
auch andersrum kanns verschmerzen

Strategien nach frisch erlerntem
was Therapie mit dem Alten macht
ein neuer Weg

Du und ich raus aus der kleinen Welt
öffnen uns fürs grosse Leben
immer nach dem Höchsten streben
Gedankenfreiheit kostet kein Geld

Strategien nach frisch erlerntem
was Therapie mit dem Alten macht
ein neuer Weg

Sich einladen zum Schweigen
dabei tief in die Augen sehen
und in die Arme nehmen
kann er sie noch leiden

Strategien nach frisch erlerntem
was Therapie mit dem Alten macht
ein neuer Weg

Schande und Scham vergessen
Wahrheit raus aus der Seele
schreit laut auf dem Wege
nach Freiheit das Ansinnen vermessen

Strategien nach frisch erlerntem
was Therapie mit dem Alten macht
ein neuer Weg

Sein Schweigen sie hört es nicht
ihr Inneres weint
Sonne scheint
in sein Gesicht

Strategien nach frisch erlerntem
was Therapie mit dem Alten macht
ein neuer Weg

Dem Anfang droht das Ende
der Joker verspricht ewiges Glück
nichts hält sie davon zurück
jetzt nimmt es jeder in seine Hände

Strategien nach frisch Erlerntem
was Therapie mit dem Alten macht
ein neuer Weg

(Friederike Lydia Ahrens)

DU SOLLST DEN TAG NICHT VOR DEM ABEND LOBEN

Der Letzte macht das Licht aus

Hier spielt die Musik

Augen zu und durch

Der Letzte macht das Licht aus

Des Sommers Rest

Im Rausch aus Früchten Blüten Licht
webst du dein filigranes Kleid
die karge Kälte kennst du nicht
des Winters Einsamkeit

du gehst im Zwielicht durchs Geäst
spinnst Fäden silbern wehend
ich steh, bestaun des Sommers Rest
begrüß den Abschied sehend.

(Tamara Jarchow)

abschied

auf dem markt am samstagmorgen
harte falten um deinen mund
lange blieben sie mir verborgen
in diesem moment kannte ich den grund

gedanken gingen längst eigene wege
liebe die sich im netzt der spinne verfing
es brauchte keine weiteren belege
ich drehte mich um und ging

(Renate Haußmann)

Visagen

Gesichter verwischen sich im Rampenlicht
wenn sie singt auf der Bühne
mit der Maske im Gesicht
das Künstlerleben eine Lüge

Schwebt im Sphärenrausch
Visagen konturenlos verschwommen
tosender Applaus
Hürde wieder mal genommen

Das Licht geht aus dann Stille
sie lässt die Maske fallen
auf dem Boden noch die Hülle
so entkommt sie allen

(Friederike Lydia Ahrens)

Hier spielt die Musik

erkenntnis

und dann kam die sehnsucht
schickt bilder schöner stunden
schon bereue ich die flucht
hab das gefühl nie überwunden

liebe kann ich nicht verlegen
wie ein schlüssel zum eigenen haus
heut empfinde ich das als segen
sie wärmt mich über die zeit hinaus

schlummert zeitlos im hintergrund
bleibt eine lebenslange investition
verschließt sich nicht der erinnerung
wartet geduldig auf reanimation

(Renate Haußmann)

Selfie

An der Ecke steht ein Leierkastenmann
Kinder holen ihre Handys aus den Taschen
sie sehen ihn verzaubert an
schnell ein Selfie mit ihm machen

Ehe sie sich versehen
ein Elektroroller um die Ecke rast
es ist um ihn geschehen
da hört er auf der Spaß

Ein Trümmerhaufen aus Holz und Mann
Blut Metall und Menschengewirr
die Selfies gucken sie später an
Grüße vom Grossstadtgeschwür

(Friederike Lydia Ahrens)

Die alte Leier

Kinder Tiere Haushalt Garten
und dann und wann ein weißer Elefant
kommt ringelnatzig angerannt
das Tagesende muss noch warten

ob taz, Brigitte oder Schiller
das Lesen ist kein echter Trost
um sie jedoch wird´s immer stiller
worauf also ist sie erbost

ach nimm des Zauberlehrlings Besen
und tu nur so als ob dich´s freue
als sei nichts weiter groß gewesen
Versorgen - jeden Tag aufs Neue.

(Tamara Jarchow)

Augen zu und durch

Plan

Die Zeit schlägt Löcher in den Boden
nie richtig spürbar sind nicht zu sehen
Alltagsattacken kommen von unten und oben
Gefühle sind sie zu verstehen

Ihr Glück sollte nie enden das war der Plan
kämpfen für alles bis zum Schluß
da ist er einfach abgefahrn
ihr Hirn steht unter Verschluss

Die Einschläge kommen immer dichter
von überall Trauerbekundungen und Tipps
dann stehen sie vorm Scheidungsrichter
er im dunklen Anzug sie in weiss mit passenden Clips

(Friederike Lydia Ahrens)

plan 2

das ist der beginn von eigenzeit
jede sekunde jeder tag
alles ist meine jetzt meine zeit
so wie ich es mag

ich kann sie verschwenden
ohne sinn und ohne ziel
oder gar verschenken
egal wie viel

zeit ohne dich hatte ich nie
und wenn ich jetzt zeit verbringe
zu wem bringe ich sie
mir ist als wenn ich einsamkeit besinge

(Renate Haußmann)

Ohne Plan

Das Drehbuch des Lebens
braucht ein Lektorat
ich suchte vergebens
da blieb nur Spagat
die Zeichen der Zeit
tragen täuschende Masken
wann ist man bereit
zum Geh'n oder Rasten

fühlen statt denken
lieben und lachen
leben statt lenken
einfach mal machen.

(Tamara Jarchow)

WER A SAGT MUSS AUCH
B SAGEN

Es ist, was es ist

Tod und Teufel – Gift und Galle

Wahrheit wird überbewertet

Es ist, was es ist

im nebel

wenn ich schreibe
sing ich alte lieder
worte haben eine bleibe
ich finde mich mühelos wieder

sing ich alte lieder
fällt der schleier bis zum grund
ich finde mich mühelos wieder
hinter dem grau ist es bunt

der schleier fällt bis zum grund
ich bleib gelassen
hinter dem grau ist es bunt
kein ort zum hassen

ich bleib gelassen
worte haben eine bleibe
kein ort zum hassen
wenn ich schreibe

(Renate Haußmann)

Höhlengespinste

Orpheus traf Euridike
mir ist kalt es ist so dunkel
war es hier wo er sich verliebte
im Teufelsschlund man munkelt

Das Rauschen des Wasserfalls in der Ferne
ich kann ihn nicht sehen
endlich das Licht einer Laterne
bewege mich in die Tiefe beim gehen

Spinnweben wie Gardinen mit Tautropfen benetzt
noch 300 Stufen nach unten
mein Kreislauf jetzt schon gehetzt
Orpheus wie hast du sie hier gefunden

Thraker lebten hier und setzten Zeichen
im Einklang mit Natur und ihren Ahnen
ich stehe auf einem Berg von Leichen
zu Pulver gesintert wachsen hier nun Eichen

(Friederike Lydia Ahrens)

Hinter dem Schleier

Liebe wie die Tautropfen das Licht
sing deine Lieder
und bereue es nicht
sink niemals nieder

sing deine Lieder
öffne dein Herz
sink niemals nieder
besiege den Schmerz

öffne dein Herz
atme bis zum Himmel hinauf
besiege den Schmerz
und genieße in vollem Lauf

atme bis zum Himmel hinauf
verschenke ohne Angst zu spüren
und genieße in vollem Lauf
Lieben ist Erschaffen nicht zerstören.

(Tamara Jarchow)

Tod und Teufel – Gift und Galle

Tod und Teufel

Uraltgeschicht Tod und Teufel treffen sich
der Tod im Designeroutfit mit roten Schuhen
der Teufel sexy im Glitzerlook zum Highnoon
stehen am Tresen in der Rotlichtbar
liegen sich in den Armen und knutschen wunderbar
trinken zusammen Gift und Galle auf Eis
da wird es selbst dem Teufel heiß
reden von früher und alten Geschichten
der Tod fängt sogar an zu Dichten
noch einen Joint das letzte Glas im Stehen
dann müssen sie wieder gehen

Die Arbeit ruft am nächsten Morgen
sie müssen´s Gott und den Engeln besorgen
die toten Seelen sortieren von oben nach unten
und unten nach oben
werden alle ins Universum verschoben

Das Geld vom Vatikan ist längst verzockt

«Puff» sagt Teufel zum Tod das rockt

zum Abschied geben sie sich den Bruderkuss

war wie immer ein himmlischer Genuss

Verabreden das nächste Treffen in der Engelbar

da sind alle «oben ohne» wie wunderbar

(Friederike Lydia Ahrens)

an der schwelle

pest und teufel

und der ganzen welt zweifel

das wünscht sie dir

ungemach und ungetier

dazu noch einen qualvollen tod

der sie erlöst aus ihrer not

was hast du getan

bewusst oder im wahn

dunkle schwüre fliegen wie drohnen

sie beginnen in dir zu wohnen

wollen sich in die seele nisten

ohne luft und liebe ihr dasein fristen

versperr die türen

lass sie an der schwelle erfrieren

du hast nur eine kurze frist

bevor du von ihnen zerfressen bist

entscheide dich wo der weg hingeht

opfer ist wer hass aussssäht

(Renate Haußmann)

Wahrheit wird überbewertet

Risiko

Ich lebe ich sterbe

und werde meine Narben nicht zählen

ich werde keine Landkarte hinterlassen

und mein Glück mit nichts aufwiegen

ich werde meine Schatzkammern zurück lassen

und reich beschenkt fortgehen

ich werde die stillen Lieder summen

und als Luft zwischen den Blättern rauschen

ich werde zu dem, was ich bin.

(Tamara Jarchow)

radikalisierung

ich bin es leid

mich zu verkleiden und zu verstecken

will keine rolle spielen

ich hab es satt

zu lächeln und zu leugnen

will meine stimme erheben

bin nicht gewillt

zu schweigen und zu akzeptieren

will mich wehren

es ist zeit meine wut zu spüren

(Renate Haußmann)

Klarheit

So klar wie eine Bergquelle

meiner Intuition folgen

frei sein in Gedanken

raus mit altem Geröll

weg mit ballasthaltigen Menschen

Zeiträume auflösen

neue Wege gehen

Bewusstsein schreit nach Veränderung

dahin wo es mich bringt

Ich fließe mit dem Leben

(Friederike Lydia Ahrens)

IM DUNKELN IST GUT MUNKELN

Der Morgen danach

Aufreißen – Abziehen - Einkleben

Neue Besen kehren gut

Der Morgen danach

Der Morgen danach

Dunkelheit ein schwarzes Loch
wo ist er eben wusste er es noch
die Nacht wollte nie enden
alles verwoben in dunklen Wänden
ein unheimlicher Schmerz den Körper befällt
wo kommt der her in aller Welt
kann sich an nichts erinnern
hört sich leise wimmern
greift um sich im Dunklen wo ist Licht
die Tür er findet sie nicht
was hatte er ihr an den Kopf geschmissen
er wird sie vermissen

(Friederike Lydia Ahrens)

Feindliches Lager

Verliebt verlegen verloren
das Herz war fast erfroren
doch jeder hat sein eignes Bett
nun ist das Leben wieder nett.

(Tamara Jarchow)

landgewinnung

viel zu lange ausgehalten
kein raum um leben zu gestalten
nun kann ich wieder aufrecht stehn
ich ließ ihn einfach gehn

(Renate Haußmann)

Aufreißen – Abziehen - Einkleben

Rotwein

Im Morgenlicht
Verstoffwechselungen geben den Ton an
woher das Klingeln in meinen Ohren
Barollosteak auf dem Teller umgekipptes Glas
Musik flutet den Raum seit dem Dessert
im Morgenlicht
Verstoffwechselungen geben den Ton an.

(Tamara Jarchow)

nichts für feiglinge

im schatten der dünen

meeresrauschen übertönt die lüge

ein zufälliger moment

lässt vergessene lust entflammen

hab mich getraut

im schatten der dünen

meeresrauschen übertönt die lüge

(Renate Haußmann)

Wände

In der Dunkelheit
schreien nach Geborgensein
flüchtige Schatten im Wind
lassen die Notdurft unter sich
Angst Sucht Zuflucht
in der Dunkelheit
schreien nach Geborgensein

(Friederike Lydia Ahrens)

Neue Besen kehren gut

unter den teppich gekehrt

das war doch ein gutes meeting
unsere gegner haben innerlich getobt
ich bewundere deine Idee - ganz aufrichtig
und alle haben das konzept gelobt
sie haben mir aus der hand gefressen
danke für deine vorarbeit
leider hab ich was vergessen
dein name fiel nicht - tut mir leid

(Renate Haußmann)

Neue Bude

Bude übernommen in der WG
angekommen in der Stadt der Träume
fünf Leute mit einem WC
ihr Blick aus dem Fenster Elbe und Bäume
das Bad versifft Pilz bis zur Decke
Chemie & Co im Eimer verquirlt auf dem Boden verteilt
jetzt heißt es rennen sagt Silberfisch zur Schnecke
ach grunzt der Schimmelpilz hier werd ich alt

(Friederike Lydia Ahrens)

Roter Teppich

In ihrer Stadt der Träume
wird aufrichtig bewundert
im Glanz von Pailletten
kein Wort das verwundet
kein Ort an dem nicht ihr Parfum
nicht geflutet von Bedürftigkeit
kein Platz für quälendes Bemüh'n
dein Name fiel nicht – tut mir leid.

(Tamara Jarchow)

DIE AUTORINNEN

Friederike Lydia Ahrens ist eine ausgebildete Künstlerin, die sich mit StreetArt einen Namen gemacht hat und anderen Künstlern, in der Galerie Schichtwechsel, eine viel beachtete Öffentlichkeit bietet. „Immer wieder neue Wege gehen, denn Leben schreit nach Veränderung." Mit diesem Credo hat sie sich dem Schreiben zugewandt. Ihre Frauenchronik „Fiese Liebe" steht kurz vor der Veröffentlichung, und mit „Gedichte zu Dritt" taucht sie nun in das Abenteuer der Lyrik ein.

Renate Haußmann ist Autorin für kreatives Schreiben. In der Reihe «Konzeptionelle Lyrik – Gedichte zu Dritt" gibt sie Gedichtbände mit Schreibkolleginnen heraus, die den lyrischen Trialog als kreativen Impuls nutzen. «Ich hab' Lyrik in mir. Mit dieser Entdeckung bin ich zur Wortsucherin geworden. In der Lyrik geht es immer gleich ums Ganze. Innen wird nach Außen gekehrt, bläht sich auf mit aktueller Wahrnehmung, um dann ohne Punkt und Komma in die Wirklichkeit der Leser/-innen einzudringen.«

Tamara Jarchow liebt die Kraft der Sprache. Seit sie den Walter Kempowski-Literaturpreis für Kurzprosa erhielt, widmet sich die Autorin in diesem Band erstmals der lyrischen Verdichtung des Lebens. «Als Dozentin für kreatives Schreiben (schreibluft.com) im beruflichen Kontext und in der Jugendarbeit bin ich meinem Herzenswunsch ganz nah: dem Leben mit all seinen Facetten Ausdruck zu verleihen.»

GEDICHTE

DER APFEL FÄLLT NICHT WEIT VOM STAMM

Die Farbe Rot

Leiser Wind trägt mich

Absturz ins Universum

LÜGEN HABEN KURZE BEINE

Buchstaben werfen keine Schatten

Schweben im leeren Raum

DER FRÜHE VOGEL FÄNGST DEN WURM

DU SOLLST DEN TAG NICHT VOR DEM ABEND LOBEN

WER A SAGT MUSS AUCH B SAGEN

IM DUNKELN IST GUT MUNKELN

Kollektives Schreiben

Das Projekt «Konzeptionelle Lyrik - Gedichte zu Dritt» ist inspiriert von den Surrealisten um André Breton, die im Kollektiv nach künstlerischer Entwicklung und neuen Ausdrucksformen gesucht haben. Und von Peter Elbow, dem US-amerikanischen Schreibwissenschaftler, der zur Anstiftung individueller kreativer Entwicklung in Gruppen das bedingungslose Zuhören als Voraussetzung für die Technik des *sharing and responding* beschrieben hat. In unterschiedlichsten Schreibgruppen hat mich immer die gegenseitige Wirkung der produzierten Texte und Gedichte interessiert. Als kreative Animation für die Lesenden eigener Prosa und Lyrik und als *Trigger* für Emotionen und Erinnerungen der Hörenden.

Es ist verblüffend, wie im Prozess des gemeinsamen Schreibens Ergebnisse entstehen, die als individuelles Produkt Bestand haben und dennoch, sozusagen im urheberrechtlichen Sinne, nicht mehr voneinander zu trennen sind.

Was auch immer der auslösende Impuls für das Schreiben in der Gruppe gewesen sein mag. Das laute Lesen als selbsterzeugte Reflexion von Form und Rhythmus, wie das Feedback, das die hervorgerufenen Erinnerungen und Gefühle derjenigen spiegelt, die der Lesung gefolgt sind, alles ist Teil der eigenen künstlerischen Entwicklung. Es wird direkt in die Überarbeitung der entstandenen Werke einbezogen. Der Dialog wird zu einem dynamischen Prozess. Die «fremde» Perspektive verhilft zur Annäherung oder zur Distanzierung. Jeder Perspektivenwechsel ist wieder ein neuer Impuls.

Aus diesen Erfahrungen ist die Idee der «Konzeptionellen Lyrik» entstanden. Der poetische Dialog oder, wie in den Gedichtbänden dieser Serie, der lyrische Trialog wird als kollektive Inspiration auf die Spitze getrieben.

Das gewählte Thema, ein Bild oder vorgegebene Formen und Rhythmen geben den Anstoß zum ersten Gedicht. Es wird in die Runde geworfen und damit zur Vorlage, die von der Partnerin als Auslöser für Erinnerungen, Emotionen und Erfahrungen aufgenommen und verarbeitet wird.

Aneignung – Abstraktion – Wiederaneignung und erneute Abstraktion. Worte werden durchgeschüttelt und gerührt, bis scheinbar nichts mehr von den ursprünglichen Zutaten vorhanden ist. Und trotzdem werden die Leserinnen und Leser schnell entdecken, aus welcher Feder die einzelnen Gedichte stammen. Die Worte bleiben meine und doch sind sie unwiderruflich angereichert mit der Energie der Gruppe.

Renate Haußmann

Konzeptionelle Lyrik in Serie

Band 1
Wenn die Nacht kommt in Manhattan
Renate Haußmann (Hg.), Christiane Maria Luti,
Barbara Rossi (Januar 2018)

Band 2
Kein Ton geht verloren
Kirsten Eckmann, Renate Haußmann (Hg.),
Andrea Katzenberger (Dezember 2018).

Band 3
Die Zeit ist Zeuge
Manon Haccius, Sabine Hammer, Renate Haußmann
(Hg.) (Mai 2019)

Band 4
Das ist ja komisch
Renate Haußmann (Hg.), Felizitas Peters, Ursula Striepe
(Juli 2019)

Band 5
Dunkle Seiten
Stephanie von Below, Renate Haußmann (Hg.),
Karin Harries-Hedder (Dezember 2019)

Band 6
Zwischen unseren Zeilen
Friederike Lydia Ahrens, Renate Haußmann (Hg.),
Tamara Jarchow (November 2019)

In Vorbereitung:
Band 7
Lecker Lyrixx
Luis Haußmann, Renate Haußmann (Hg.),
Carla Seidemann (Sommer 2020)

Zeitfracht Medien GmbH
Ferdinand-Jühlke-Straße 7
99095 Erfurt, Deutschland
produktsicherheit@kolibri360.de